城堡里的诗人

克洛岱尔与他的世纪

［法］玛莉-薇柯·南特 著

朱震芸 译

Vois! L'ombre s'est prolongée
jusqu'à la réalité!
Le faux prologue le vrai
A travers la brume la rate
authentifie son reflet

P. C.

上海书店出版社

致　谢

本书获得了以下人士的帮助和建议：雅克丽娜·比加莱（保罗·克洛岱尔研究会）、多米尼克·尚塞尔（建筑师及历史学家，伊泽尔省议会文化和文化遗产部）、妮科尔·杜穆兰（布朗格文学村协会主席）、安德烈亚斯·弗里德贝格、玛蒂尔德·拉古尔格、玛丽-弗朗索瓦丝和约翰·曼宁夫妇（以上四位均为建筑师）、雅克·帕西（塔尔德努瓦地区卡米耶与保罗协会主席）、薇薇安娜·潘松、勒内-圣玛丽·佩兰（以上两位均来自保罗·克洛岱尔研究会）。

目　录

I　　中文版序

I　　序

I　　城堡历史
　　　多菲内地区的布朗格土地／7
　　　乡村中的城堡／27
　　　从历史到传说／33

41　　建筑结构的演变
　　　罗西永家族／47
　　　巴特奈家族／48

格拉特家族 / 49

19 世纪以来的城堡 / 59

67　保罗·克洛岱尔的城堡生活

保罗·克洛岱尔在布朗格城堡的生活 / 75

克洛岱尔的足迹——城堡和花园 / 92

诗人的访客 / 125

诗人的创作 / 135

城堡的发展 / 158

167　参考文献

173　插图和图片来源

"正确的想法本身就蕴含力量,并会在该力量的驱使下最终突破重重阻碍而实现。"

——保罗·克洛岱尔于1924年在法日会馆[1]正式成立之际所发表的演讲开场白

---

[1] 法日会馆(Maison Franco-Japonaise):成立于1924年,由时任法国驻日大使的保罗·克洛岱尔和日本近代实业家涩泽荣一共同发起,旨在研究两国文化,促进两国之间的文化交流,并在日本传播法语和法国科学。(本书如无特殊说明,均为译者注。)

中文版序
城堡里的诗人：克洛岱尔与他的世纪

作为保罗·克洛岱尔的外孙女，我非常欢迎中国读者前来这座童话般的城堡，参观我儿时的度假胜地。这里既是家庭住宅，也是文化高地，保留着克洛岱尔这位诗人、外交官的生活印记。这位"永恒旅者"在国外生活多年之后，非常渴望叶落归根，于是就在1927年购入了城堡。1935年，他结束了始于1893年的外交生涯，来到布朗格定居，在此度过了漫长岁月。重返故土的诗人很高兴能够享受乡村生活、安心写作、接待亲友，并希望长眠于此。

1955年2月，伟大的诗人、法国大使和法兰西学术院院士保罗·克洛岱尔逝世,受到了国葬礼遇。为了永远纪念他,他的子女在1972年创办了"布朗格文化节(Rencontres de Brangues)"。这项活动于每年6月末举行,汇集了世界各地研究保罗·克洛岱尔的知名人士。他们在交流中总是畅所欲言,话题广泛,涉及诗人生活和创作的方方面面。城堡的旧农场里会上演诗人以及其他作者的戏剧作品。音响效果极佳的内院专用于举办音乐会。与会者们可以在百年椴树下展开讨论,还可以一同聚餐增进交流。大家在此结下友谊,并约定下次相聚。每一次文化节都是令人难忘的时刻。

2022年的文化节以诗歌为主题,令我记忆犹新。诗人张如凌受邀做了关于中国诗歌的讲座。她先是用普通话和法语朗读了自己的诗作,然后向我们介绍了中国古典诗歌的韵律，激发了听众的好奇和热情，展现了中国风采。这种中国风采也曾让克洛岱尔陶醉其中。从1895年到1909年，他作为年轻的领事曾在中国生活。在这15年间，他一直沉浸于这个国度的魅力。在中国文化的启发下，他创作了不少作品：两部戏剧——《正午的分界》(*Partage de midi*)和《第七日的安息》(*Le repos du Septième jour*)；散文诗集《认识东方》(*Connaissance de l'Est*)；随笔《中国之书》(*Le livre sur la Chine*)。他还在北京、天津和福州等地完成了《五大颂歌》(*Cinq Grandes Odes*)。

在回顾过去之余，我们也展望文化节的未来。鉴于此，我们设立了"保罗·克洛岱尔奖"以表彰戏剧、诗歌作品，这是由诗人所发扬光大的领域。我们欢迎中国诗人前来布朗格城堡，加强彼此联系。

本书于 2024 年在中国出版，以庆祝中法建交 60 周年。

玛莉-薇柯·南特
2024 年 2 月

序

历史古迹之所以遐迩闻名，不只是因为其年代久远；如果它们在数百年间仅仅作为景观而存在，那并不足以成为集体文化遗产并且获得公众认可。它们还必须能够体现其建造者、改造者、居住者的生活。此外，众所周知，最难的不是保护古老的城墙，而是保存和传承那些如今被列入"非物质遗产"的逐渐消逝的记忆。

建于中世纪的布朗格城堡位于多菲内地区[1]边界线的一侧。经常有考古发现表明，这一地区至

---

1 多菲内（Dauphiné）：法国东南部的旧行省。1790年被划分为三个省，即现伊泽尔省、上阿尔卑斯省和德龙省。

少从凯尔特[1]时期开始就有大量人类居住。正如后文所述，这座城堡的众多建筑物都可以作为参考依据，以确定历史时期并确认曾经拥有城堡并在此居住的各个大家族的身份：罗西永（les Rossillon）、格拉特（les Gratet）、坎索纳（les Quinsonas）、维里厄（les Virieu）等家族的姓氏在该省的历史以及其他土地和大宅上都留下了印记。塔楼、壁画、拱门、穹顶、热那亚式屋檐[2]等建筑元素见证了这一建筑群的缓慢演变，并且使"这幢像家庭和树木一样成长的房屋"变得更加可爱。

---

1 凯尔特：凯尔特人起源于公元前1000年左右的中欧地区，主要分布在当时的高卢、北意大利、西班牙、不列颠与爱尔兰，他们有着共同的文化和语言特质且有亲缘关系。
2 热那亚式屋檐：这是一种典型的地中海式屋檐建筑形式，由多排槽形瓦组成，铺设在屋顶外缘下方。

这一形容来自艺术史学家路易·吉列[1]，他是保罗·克洛岱尔的朋友。(也是克洛岱尔在法兰西学术院中所拥有席位的前任![2])

但是，一些著名人物却为自己的居住地额外赋予了遗产价值。因此，当漂泊在外的外交家保罗·克洛岱尔选择定居于布朗格城堡，决定在此扎下"新根"时，他就为这个地方增添了高贵气息，即诗歌、文学和思想（甚至可以说是灵性）气息，并让这些古老的石头再次成为见证者。从此，这座城堡融合了历史价值和艺术价值，拥有

---

[1] 路易·吉列（Louis Gillet，1876—1932）：法国艺术史学家和文学史学家。
[2] 法兰西学术院（Académie française）里的40位院士一经入选，均为终身制，各有各的席位。只有在某位院士去世后，席位才会被继任者填补。

了多菲内地区任何大家族都无法企及的光环，获得了唯有克洛岱尔那般的才华方可成就的名声。这就提出了历史古迹的定义问题……

诗人的后人完好地保存了这个包含城堡和花园的建筑群；但这种令人称道的举措似乎即将画上句号。也许就是出于这个原因，诗人的外孙女玛莉-薇柯·南特秉持严谨的态度，满怀敬意地撰写了本书，以纪念自己的祖父并记述后者与其"选择"之地之间的关系。与此同时，对于这处可向广大公众开放的场所、作家故居（城堡花园尽头就是他所希望的安息之所）及多菲内贵族庄园，该家族（会同政府部门）也对其未来发展进行了思索。自1972年以来，每年夏天城堡都举办"布朗格文化节"，内容丰富多样，日渐享有盛誉。无论是精彩的演出和讨论，还是受邀前往的著名人士,都为城堡注入了新的活力,并且证明该处适合举办文化活动并向公众开放。因此,我们需要做的就是让城堡重新焕发活力,缅怀伟大的诗人并重温其作品,同时也要延续他的思想,或者至少是保持对其思想的思考……

这一活动并不属于地方文化特色,尽管保罗·克洛岱尔一定希望承认其地方属性:"多菲内不是我的故乡,但却是我选择的家园。罗讷河休想将我从它的群山中拔除。"

让·吉巴尔
首席文化遗产保管员

城 堡 历 史

1927年，保罗·克洛岱尔购入了坐落于伊泽尔省[1]的城堡。城堡地处下多菲内[2]"寒冷之地"[3]的边缘，朝向比热地区[4]的山脉（位于罗讷河[5]对岸的安省[6]）和萨瓦省[7]。诗人的墓地位于花园尽头，它

---

[1] 伊泽尔省（Isère）：法国奥弗涅-罗讷-阿尔卑斯大区下辖的省份，以罗讷河左岸支流伊泽尔河命名。
[2] 下多菲内（Bas-Dauphiné）：多菲内被划分为下多菲内（西北部和罗讷河谷沿岸的平原和丘陵地区）和上多菲内（阿尔卑斯山和阿尔卑斯山内的山谷）。
[3] 寒冷之地（Terres froides）：法国一个自然区域的名称，位于奥弗涅-罗讷-阿尔卑斯大区伊泽尔省，因气候严酷，无法种植葡萄而得名。
[4] 比热地区（Bugey）：法国东部安省的山地区域，位于里昂和日内瓦之间。
[5] 罗讷河（Rhône）：法国五大河流之一，发源于瑞士阿尔卑斯山脉深处的罗讷冰川。
[6] 安省（Ain）：法国奥弗涅-罗讷-阿尔卑斯大区下辖的省份，因安河而得名。
[7] 萨瓦省（Savoie）：法国奥弗涅-罗讷-阿尔卑斯大区下辖的省份。

城堡北立面景色

象征着诗人的声望，吸引着游客们前往瞻仰。但这并不会让人遗忘城堡的过去。在这座历史悠久的建筑里，曾经居住过许多显赫的家族。每个家族都曾为它添砖加瓦，即便没有留下关于自己的记忆，却也留下了属于自己的印迹。

1351	1463	1609	1834	1927
罗西永家族	巴特奈家族	格拉特家族	坎索纳家族	克洛岱尔家族

1880 年左右的布朗格城堡
由伊丽莎白·德·维里厄绘制

多菲内地区的布朗格土地

1282年,亨伯特·德·拉图尔杜潘[1]通过联姻继承了维埃诺瓦道芬[2]让一世(Jean I)[3]的爵位,之后属于拉图尔杜潘男爵的布朗格土地便并入了多菲内。

1318年,维埃诺瓦道芬亨伯特一世的儿子让

---

[1] 亨伯特一世(Humbert I,1240—1307):又名亨伯特·德·拉图尔杜潘(Humbert de la Tour du Pin),最初是拉图尔和科利尼男爵,之后在1282年至1306年间通过联姻成为维埃诺瓦道芬、阿尔邦伯爵和维埃纳伯爵。

[2] 维埃诺瓦道芬(Dauphin de Viennois):1142年,当时的阿尔邦和维埃纳伯爵吉格五世开始用道芬的称号直接代替伯爵的称号,其家族领地也就被称为了多菲内(Dauphiné)。

[3] 让一世(Jean I,1264—1282):维埃诺瓦道芬,阿尔邦、维埃纳、格勒诺布尔等领地的伯爵。

二世[1]将布朗格的村庄和土地赐予于格·德·日内瓦[2],从而扩大了这位安东[3]领主的领地。五年后,后者向维埃诺瓦新道芬吉格八世[4]宣誓效忠,获得了多座城堡,其中包括布朗格城堡。借此,日内瓦伯爵和维埃诺瓦各位道芬得以维持对抗萨瓦公国[5]的长期联盟关系。

1351年,于格·德·日内瓦将城堡、城堡下

---

[1] 让二世(Jean II, 1280—1319):维埃诺瓦道芬、阿尔邦伯爵、加彭萨伯爵和维埃纳伯爵。

[2] 于格·德·日内瓦(Hugues de Genève, ?—1365):又名于格·德·日内瓦-安东,盖克斯男爵领地的最后一位领主,在14世纪的多菲内-萨瓦战争中发挥了重要作用。

[3] 安东(Anthon):该领地位于现伊泽尔省。

[4] 吉格八世(Guigues VIII, 1309—1333):维埃诺瓦道芬、阿尔邦伯爵和维埃纳伯爵。

[5] 萨瓦公国(Duché de Savoie):也译为萨伏依公国,是1416年至1713年间曾经存在于西欧的独立公国,由萨瓦家族统治,领土包括今意大利西北部和法国东南部的部分地区。

方的池塘（目前已干涸）和布朗格领主土地权卖给了阿诺奈[1]领主吉格·德·罗西永。自此以后，布朗格城堡的命运便与接连入主的四大家族息息相关，从1351年（多菲内并入法国的两年后）直至1927年。（以上古老家族姓氏的拼写因不同资料来源而有所差异。）

---

1 阿诺奈（Annonay）：该领地位于现奥弗涅-罗讷-阿尔卑斯大区阿尔代什省。

建于14世纪的塔楼

罗西永家族

十数年间，该领地几易其手，然后到了阿梅代·德·罗西永手中，他是吉格的堂亲以及布沙日[1]的联合领主。阿梅代曾效忠于维埃诺瓦的末代道芬亨伯特二世[2]，作为其重要封臣驻守在多菲内边境战略要地，因而获得了后者的器重。1349年，阿梅代向法兰西新王储[3]效忠宣誓。于是，在一个多世纪的时间里，布朗格领地就一直由罗

---

1 布沙日（Bouchage）：该领地位于现伊泽尔省。
2 亨伯特二世（Humbert II, 1312—1355）：维埃诺瓦末代道芬，维埃纳和阿尔邦伯爵。1349年，他将领地卖给了法兰西国王腓力六世。
3 法兰西王储（Dauphin de France）：亨伯特二世签署《罗马条约》出售领地，其中一个重要的条款就是法国王位继承人必须被称作"道芬"，从此这个头衔就一直持续到法国大革命。

西永的支系所拥有,即布沙日家族。这个强大而富有的家族来自福雷兹地区[1],因家族里的三位大主教、数位修道院院长和上尉(其中一位曾前往圣地[2],还有一位曾参加阿金库尔战役[3])而闻名。该家族在多菲内的影响力可与该行省的领主相媲美。就这样,阿梅代的儿子纪尧姆·德·罗西永成为了国王查理七世[4]的顾问、内侍以及多菲内

---

[1] 福雷兹(Forez):该地区主要位于现卢瓦尔省(奥弗涅-罗讷-阿尔卑斯大区)中部,曾经是福雷兹伯爵领地的中心地带。

[2] 圣地(Terre Sainte):基督徒对耶稣基督出生和生活过的地区的称呼,其中耶路撒冷尤为重要。

[3] 阿金库尔战役(Bataille d'Azincourt):该战役于1415年10月25日发生在法国北部阿金库尔村附近,以亨利五世率领的英国军队战胜法国军队而告终,是英法百年战争中著名的以少胜多的战役。

[4] 查理七世(Charles VII,1403—1461):法兰西瓦卢瓦王朝第五位国王(1422—1461年在位)。他在位期间结束了英法百年战争。

元帅。

1448年,这片土地传给了加布里埃尔·德·罗西永(阿梅代的孙子)。这位权势强大的人物引起了王储路易[1]的不满。因为王储曾参加反对其父查理七世的叛乱,因此怨恨上述人物支持自己的父亲。成为国王后,路易十一[2]立即进行报复:他于1461年将加布里埃尔·德·罗西永囚禁于博尔帕瓦城堡[3]。

同年,这位被放逐者在临终前立下遗嘱,将布朗格城堡的使用权赠与妻子贝娅特丽克丝·

---

[1] 即下文的路易十一。
[2] 路易十一(Louis XI, 1423—1483):查理七世之子,法兰西瓦卢瓦王朝第六位国王(1461—1483年在位)。法兰西国土统一的奠基人。
[3] 博尔帕瓦城堡(château de Beaurepaire):位于法国北部瓦兹省。

建于 16 世纪的塔楼

德·普瓦捷。由于膝下无子,他的领地理所当然地属于他的外甥法尔克·德·蒙切努。

巴特奈家族和拉夏特-南赛家族

1463年,国王的宠臣、刚晋升为"侍从"的安贝尔·德·巴特奈[1]通过谋划,在迎娶受遗赠人的女儿乔吉特·德·蒙切努后继承了城堡。这位大权在握的人物出身于多菲内的普通家族(其城堡位于埃尔巴斯河畔沙尔姆[2])。在其漫长的一生中,他曾为法国的四位国王出谋划策:路易十一、

---

[1] 安贝尔·德·巴特奈(Imbert de Bathernay,1438—1523):中世纪晚期和文艺复兴时期的法国政治家。
[2] 埃尔巴斯河畔沙尔姆(Charmes-sur-l'Herbasse):现为法国市镇,位于奥弗涅-罗讷-阿尔卑斯大区德龙省。

查理八世[1]、路易十二[2]和弗朗索瓦一世[3]。

1478年，安贝尔·德·巴特奈获得路易十一的许可，将布朗格、莫雷斯特尔[4]和布沙日等领地升格为布沙日男爵领地。

1540年，应安贝尔的孙子勒内·德·巴特奈的请求，弗朗索瓦一世将布沙日男爵领地升格为伯爵领地。

1570年，这些领地到了加斯帕尔·德·拉夏

---

1 查理八世（Charles VIII，1470—1498）：法兰西瓦卢瓦王朝第七位国王（1483—1498年在位）。
2 路易十二（Louis XII，1642—1515）：法兰西瓦卢瓦王朝第八位国王（1498—1515年在位）。
3 弗朗索瓦一世（François I，1494—1547）：法兰西瓦卢瓦王朝第九位国王（1515—1547年在位）。法国历史上最著名也最受爱戴的国王之一，在他统治时期，法国文化的繁荣达到了一个高潮。
4 莫雷斯特尔（Morestel）：现为法国市镇，位于伊泽尔省。

特-南赛的手里,他是加布里埃拉·德·巴特奈的丈夫,勒内·德·巴特奈的女婿。在宗教战争[1]期间,此人作为国王行营军队元帅效力于国王弗朗索瓦二世[2]和查理九世[3],表现极为英勇。

---

[1] 宗教战争(Guerres de religion,1562—1598):法兰西王国源于宗教的内战,又名胡格诺战争,对战双方是北部信奉天主教的贵族和南部信奉新教胡格诺派的贵族。
[2] 弗朗索瓦二世(François II,1544—1560):法兰西瓦卢瓦王朝第十一位国王(1559—1560年在位)。
[3] 查理九世(Charles IX,1550—1574):法兰西瓦卢瓦王朝第十二位国王(1560—1574年在位),弗朗索瓦二世之弟。

布朗格城堡南侧视角
1802 年版画

格拉特家族

1609年，上述夫妇的儿子亨利·德·拉夏特-南赛以七万五千里弗尔[1]的价格将布朗格城堡卖给了弗朗索瓦·德·格拉特。格拉特家族起源于比热地区。家族长支布沙日家族的荣耀来自皮埃尔·雅克·德·格拉特。这位学者曾任格勒诺布尔[2]法官，1571年被国王查理九世任命为多菲内财务总管。随后，亨利三世[3]为了感谢他在宗教战争期间的支持，准许他将这一职位传给儿子弗朗

---

1 里弗尔（livre）：法国的古代货币单位名称之一。
2 格勒诺布尔（Grenoble）：法国东南部城市，伊泽尔省首府。
3 亨利三世（Henri III，1551—1589）：曾被波兰贵族议会选举为波兰国王，后放弃波兰王位，回到法国，成为法兰西国王亨利三世（1574—1589在位），是法兰西瓦卢瓦王朝最后一位国王。

索瓦。最后，亨利四世[1]颁发诏书确认世袭职位——等同于贵族头衔。

作为布沙日男爵、布朗格领主及多洛米厄[2]领主，弗朗索瓦·德·格拉特获得了许多土地，扩大了自己的权势。其子克洛德在接任财务总管一职后，延续了这种权势。这个显赫家族中涌现了众多法官和多菲内高等法院要员，其中包括路易十六[3]时期的海军部长弗朗索瓦·约瑟夫·德·格拉特[4]、

---

1 亨利四世（Henri IV, 1553—1610）：瓦卢瓦王室的远亲，在亨利三世死后继位，是法兰西王国波旁王朝的创建者（1589—1610年在位）。
2 多洛米厄（Dolomieu）：现为法国市镇，位于伊泽尔省。
3 路易十六（Louis XVI, 1754—1793）：法兰西波旁王朝第五位国王，于1793年在法国大革命中被处死。
4 弗朗索瓦·约瑟夫·德·格拉特（1749—1821）：布沙日子爵，法国炮兵将军和政治家，1792年任海军部长，1815年至1817年任外交部长。

地质学家德奥达·德·格拉特[1]和伊泽尔议员加布里埃尔·德·格拉特[2]。直到其衰落为止，格拉特·布沙日家族主宰城堡长达两个多世纪之久。

坎索纳家族和维里厄家族

1832—1834年，布沙日子爵加布里埃尔·德·格拉特出于一些困难被迫出售布朗格。他把城堡卖给了埃马纽埃尔-维克多·德·坎索纳伯爵[3]，后者曾移居俄国做过将军，之后又成为查理

---

[1] 德奥达·格拉特·德·多洛米厄（Déodat Gratet de Dolomieu, 1750—1801）：法国地质学家、矿物学家和火山学家、骑士。
[2] 加布里埃尔·德·格拉特（Gabriel de Gratet, 1777—1872）：法国政治家，海军部长弗朗索瓦·约瑟夫·德·格拉特的侄子。
[3] 埃马纽埃尔-维克多·德·坎索纳（Emmanuel-Victor de Quinsonas, 1775—1852）：法国军官和政治家。

布沙日子爵弗朗索瓦·约瑟夫·德·格拉特（1749—1821）

十世[1]的近卫军军官。作为法国贵族，他经常出入格勒诺布尔的正统派[2]沙龙。他和加布里埃尔·德·格拉特一样，被司汤达[3]写入了自传《亨利·勃吕拉传》(*Vie de Henry Brulard*)。

埃马纽埃尔-维克多·德·坎索纳曾在布朗格接待诗人拉马丁[4]："*德·拉马丁先生骑着一匹白色的母马，略微弯腰越过障碍后，慢跑而来。他后*

---

1 查理十世（Charles X，1757—1836）：法国波旁王朝名义上的末代国王，波旁王朝第二次复辟后的第二位国王（1824—1830年在位）。
2 正统主义（Légitimism）：19世纪初法国的政治运动，旨在支持1830年被废黜的波旁王朝，是19世纪法国政治的一个重要潮流。
3 司汤达（Stendhal，1783—1842）：19世纪法国批判现实主义作家，代表著作为《红与黑》。
4 阿尔封斯·德·拉马丁（Alphonse de Lamartine，1790—1869）：法国浪漫派抒情诗人、作家、政治家，是浪漫主义文学的先驱和巨擘。

戈德弗罗·德·维里厄伯爵的妻子加布里埃拉·德·坎索纳（1833—1914）

面跟着一个骑着白马的马夫,前面跑着六只活蹦乱跳的猎兔犬,同样通体白色。在最前面的是菲多和一只出色的纽芬兰犬,和这支队伍一起快速前行。这就像是波斯故事中的出场亮相。"(达尔戈[1]的回忆,1831年9月10日)——1948年7月,克洛岱尔在《日记》(*Journal*)中引用。

1856年,加布里埃拉·德·坎索纳作为其父亲财产的唯一继承人,与戈德弗罗·德·维里厄伯爵结婚。后者出身于多菲内显赫家族,家族中的一名成员埃蒙·德·维里厄[2]是拉马丁的好友,与他长期保持书信往来,也是他的第一位出版商。

---

[1] 让·马里·达尔戈(Jean Marie Dargaud,1800—1866):法国作家,拉马丁的密友。
[2] 埃蒙·德·维里厄(Aymon de Virieu,1788—1841):法国外交官。

布朗格村庄景色

1880 年左右的布朗格
由加布里埃拉·德·维里厄的女
儿伊丽莎白·德·维里厄绘制

26

乡村中的城堡

随着时间的推移,城堡和村庄日渐融为一体。

一位来自圣维克多[1]的好心人听说"我投身于文学",便借给我一本由多菲内高等法院律师尼古拉·高里耶[2]所著的《多菲内史》(*Histoire du Dauphiné*)。……我从书中了解到,布朗格村(当时被称为布朗戈兹村)得名于一位名叫布朗库斯

---

1 圣维克多(Saint-Victor):法国西南部市镇,属于新阿基坦大区多尔多涅省。
2 尼古拉·高里耶(Nicolas Chorier,1612—1692):法国律师、作家和历史学家。

的阿罗布鲁日[1] *高卢酋长。在一起遗产纠纷中，被选为仲裁人的汉尼拔*[2]*，做出了有利于这位酋长的裁决。（《日记》，1943年10月）*

这个位于下多菲内的村庄名为"维埃诺瓦-布朗格"，其中心区域是图尔庄。为了远离罗讷河以及洪水侵袭，村庄后来迁到了山丘上。洪水曾是当地的祸患，因为会毁坏庄稼，使人们陷入贫困。洪水泛滥时，村民们会到城堡高处避难。1944年就是如此：*"牲口被赶来我们城堡：八头牛、三匹*

---

1 阿罗布鲁日人（Allobroges）：法国南部高卢人的一支，其领地位于伊泽尔河、罗讷河和阿尔卑斯山北部之间，以善战而闻名。
2 汉尼拔·巴卡（Hannibal Barca，前247年—前183年）：北非古国迦太基统帅、行政官，军事家、战略家，多次率军与古罗马军队交战，并将许多高卢部落收归麾下。

马和几只山羊。警报响了一夜。我和聚集在洪水边缘的八九位老人聊天时,看到一艘小船从被淹没的农场缓缓驶向我们。"(《日记》,1944年11月)

多菲内和萨瓦公国之间的战争在这个村庄(曾使用法兰克-普罗旺斯语[1])的历史上留下了浓重的一笔。两地恢复和平后,出现了走私活动。于是,一队海关人员进驻了布朗格。

图尔庄里坐落着建于中世纪的圣皮埃尔女修院,它附属于里昂的修会总院。1789年大革命期间,布朗格城堡差点遭到劫掠和摧毁。当时,村民们在市政官员吕克·米舒[2]的领导下,组织起来

---

[1] 法兰克-普罗旺斯语(franco-provençal):印欧语系罗曼语族的一种语言,在意大利、法国以及瑞士的部分地区使用。
[2] 吕克·米舒(Luc Michoud,1752—1825):法国政治家,曾任布朗格镇镇长,著有《布朗格保卫战日志》。

村民爱丽丝·吉奈的肖像
由玛丽昂·克洛岱尔在 1948 年左右绘制

抵御"强盗团伙"。这场骚乱被吕克·米舒记录了下来。

当克洛岱尔搬到布朗格时,他在《日记》中记下了对这个村庄的第一印象:"布朗格集中了各种设施,可以保障城镇社会生活的和谐有序。中央是战争纪念碑(与古代城市一样)、喷泉、公共秤——也许不仅能称量小麦和稻草,还可以衡量整个地区的善恶行为。教堂两侧和学校对面是市镇政府、本堂神甫住宅、水塔、滚球场(体育场),不远处是面包店。越过面包店露台的简易小栅栏,映入眼帘的先是村舍的屋顶,然后是长长的几排白杨树(繁密的树冠在清晨的薄雾中探出头来),往右则是山丘上一个沐浴在阳光里的小村庄。这里和古代市集一样,应有尽有。此外,还有两只母鸡。"(《日记》,1928年9月)

"谁能抓住我,谁能追上我?"
安贝尔和乔吉特的经历让人联想起克洛岱尔所吟唱的"潘与和西林克斯"的故事
水彩画、由亚尼斯·科克斯绘制

从历史到传说

安贝尔·德·巴特奈的故事

安贝尔·德·巴特奈以不可思议的方式获得了布朗格领地。

第一幕：加布里埃尔·德·罗西永去世后，路易十一没收了本应属于法尔克·德·蒙切努的财产。

第二幕：安贝尔·德·巴特奈向法尔克·德·蒙切努提议，由他出面和路易十一周旋，而作为交换，他希望迎娶追求已久的蒙切努之女乔吉特。

第三幕：蒙切努拒绝将女儿嫁给自己的封臣，

路易–约瑟夫·米舒·德·拉图尔故居

他亲自恳求国王返还财产,而安贝尔则从国王那里获知,财产将由乔吉特·德·蒙切努继承。

第四幕:女方父亲提出抗议,被国王下令投入监狱。

第五幕:路易十一确认将财产移交给乔吉特·德·蒙切努,不久后她违背父亲的意愿与安贝尔·德·巴特奈结婚。传说她是遭到了绑架。

成为布朗格和布沙日的新领主后,安贝尔·德·巴特奈经常在其众多宅邸中的一处接待路易十一。但他从未与岳父达成和解。后者带着对女儿和财产的痛惜之情,被迫在萨瓦公国流亡了十二年。

迪亚娜·德·普瓦捷[1]和当地的关系

安贝尔和乔吉特的女儿让娜·德·巴特奈嫁给了让·德·普瓦捷,生下了著名的迪亚娜·德·普瓦捷(1499—1566)。迪亚娜曾是布沙日和布朗格领地的继承人。亨利二世的这位缪斯女神是否曾经踏足上述领地,无人知晓。不过她并没有把这些领地留给自己的女儿,于是领地又重新回到了巴特奈家族的手中。

---

[1] 迪亚娜·德·普瓦捷(Diane de Poitiers,1499—1566):是法王弗朗索瓦一世和其子亨利二世在位期间一位重要的宫廷贵族女性,后来成为亨利二世的情妇。

司汤达《红与黑》的创作缘起

1827年,当地名人路易-约瑟夫·米舒·德·拉图尔遭遇不幸。马蹄铁匠的儿子安托万·贝尔德用手枪朝米舒夫人开了两枪,然后把枪口对准了自己。这一幕发生在村里的教堂里,是一出情感悲剧。安托万·贝尔德此前受聘成为米舒·德拉图尔孩子们的家庭教师,但却成了孩子母亲的情人,之后又不愿意结束双方的关系。1828年,他因谋杀未遂、自杀未遂和渎圣罪在格勒诺布尔被送上断头台。1847年,在时任市长路易-约瑟夫·米舒·德·拉图尔的倡议下,人们拆除了布朗格教堂,新建了一座教堂。

这个官僚气息浓重、冷冰冰的教堂几乎就和

犯罪后的于连·索莱尔在布朗格教堂

1913年9月18日，在悬挂旗帜的布朗格教堂里举行圣彼得和圣女贞德雕像落成典礼

司汤达所想象的一模一样。（《日记》，1928 年 8 月）

克洛岱尔曾说："还可以用不同于司汤达的方式创作故事，例如假定家庭教师是路易-约瑟夫·米舒·德·拉图尔的私生子，或者侧重叙述贝尔德因为打算进入神学院而产生良心冲突。"

布朗格城堡北侧
绘制于 1802 年的版画

建筑结构的

演　变

当我们穿过梧桐林荫道进入城堡,映入眼帘的是路易十三风格[1]的巨大正立面,其两侧分别是建于不同时期的两座翼楼,此外还有一些散布在花园中的小型建筑。

这里原先有一座建在岩石上的中世纪堡垒,属于马尔西厄侯爵。堡垒俯临罗讷河,高出河面一百多米。当时,这条交通要道构成了天然边界,其上遍布据点。

而这一切最终被罗讷河裹挟吞噬,这条河流推动着一切向前,如同焚毁城市的火焰所作出的唯一献祭!(《罗讷河赞歌》[*Cantique du Rhône*] 三声

---

1 路易十三风格是一种法国装饰、家具和建筑风格,时间跨度为1610 年至 1661 年。该风格受意大利、西班牙和佛兰德斯等地区影响,是文艺复兴风格和巴洛克风格之间过渡时期的特征。

从通向大门的梧桐林荫道眺望城堡

部合唱，1912）

　　从 14 世纪到 18 世纪，在拥有城堡的三个大家族的主导下，这座城堡经历了三个阶段的发展。

建于 14 世纪的塔楼的壁炉

"骑动物的女子", 16 世纪初壁画

罗西永家族

14世纪至15世纪期间，在原先的堡垒旧址的北部建起了城堡。在城堡底层，依旧留有该时期的一些带有拱顶、铺砌石板的房间，若干巨大的壁炉以及一座塔基墙厚两米的大型圆塔。虽然这里看不到罗西永家族的纹章，但我们仍可以想见当年镌刻在其盾牌上的"红鹰金旗"是何等的气势。

巴特奈家族

15世纪末,巴特奈家族在西边建造了一座长条形的主楼,高度较低,窗户很小。建筑顶部为覆有鱼鳞瓦的坡屋面,设有天窗。房顶上还有一座锥形小塔楼。

最近,人们在圆塔旁建筑物的地窖中发现了一幅彩绘装饰画,其历史可以追溯到16世纪。画里是一个半人马,上身穿着喜剧服装,手里拿着一个酒壶。这幅画描绘的可能是狂欢场景。

格拉特家族

在格拉特家族手里,这座昔日的领地城堡变成了我们现在所看到的宅邸。

城堡

17世纪,格拉特家族建造了一座路易十三风格的二层建筑,与主楼垂直。当时城堡内还有一座小教堂。

他们沿着深嵌在岩石基座上的古老轮廓线,建造了几座同样高度的翼楼,使城堡范围向西北方向扩张。整幢建筑使用陡峭倾斜的多菲内式屋

建于 16 世纪的主楼

建于 17 世纪的外立面和建于 18 世纪的翼楼

顶[1]，上覆鱼鳞瓦，主立面设有天窗。

18世纪，主庭院被东南侧新建的翼楼所围合，翼楼垂直于主立面，稍稍超出。这一单层建筑饰有凸圆线脚（连续腰线）。其东立面点缀有隅石和三条凸雕饰带，可以猜测上面可能还有环状花饰图案。屋顶为四坡式，铺有鱼鳞瓦，屋顶下饰有热那亚风格的线脚。

18世纪，格拉特家族对门、窗、壁炉、护壁板和内部布局进行了大规模翻修。他们对主要房间进行了装修。特别是：

——位于一楼的音乐室，配有路易十五风格[2]

---

[1] 多菲内式屋顶：多菲内北部常见的屋顶式样，由四面又宽又陡的斜坡构成，上面覆有石板或平瓦，铺设成鱼鳞花式。
[2] 路易十五风格：装饰艺术中的洛可可风格，因盛行于路易十五统治时期而被称作"路易十五风格"，该艺术形式具有轻快、精致、细腻、繁复等特点。

亭楼

护壁板。

——位于二楼、名为"美丽的朱迪斯"的卧室,其天花板为法式彩绘。

——位于二楼北侧的部分房间,带有路易十五风格护壁板和彩绘搁栅天花板。这些房间都装饰有格拉特家族纹章"天蓝底金狮鹫"。

亭楼

这座覆有多菲内式屋顶的迷人建筑建于同一时期,曾经被用作橘园。它处于几条小路的交叉口,位于草坪的最西端,拥有环绕式观景视野,便于欣赏城堡景色。

附属建筑

马厩栏位

附属建筑

附属建筑位于东北边，左侧是柴房，右侧是马厩。肋状拱顶下有两排马栏，每排五个橡木栏位。

从前，这座多菲内式屋顶的建筑通过一个翼楼与罗西永塔楼相连，如今该翼楼已经不复存在，塔楼墙上仍然留有这一建筑的痕迹。

农场

农场建筑位于西边，由一个牛棚和一个马厩组成，场地中心是一个开放式中央谷仓，谷仓顶部是一个干草房（以前用于储存干草）。这个谷仓现在用作文化节期间的戏剧舞台。农场及其附属

冬天的农场

建筑（鸡舍、兔棚、工具间、洗衣房、喷泉）一直被使用到 20 世纪 60 年代。

当我去看奶牛和兔子时，两只手各牵着一个孙女的小手。（《日记》，1943 年 10 月）

在饲养家禽的地方，鸭子和小鹅围着一个装满水的旧轮胎，张着嘴尽情啜饮"美酒"，俨然一副美国酒吧主顾的模样。（《日记》，1942 年 7 月）

作于 1802 年的两幅版画展现了 19 世纪初城堡的面貌。当时，进入城堡要经过一条椴树林荫道，这条道路穿过花园尽头，朝东南方向延伸，直达村庄中心。一楼厨房边的大门仍然可以证明这一点。打开这扇门,就是原先的主庭院,穿过主庭院,沿着罗西永塔楼和18世纪翼楼之间的通道就能到达上述林荫道。

19 世纪以来的城堡

1830 年，布朗格城堡被售予坎索纳家族，契约中写明了该城堡的情况。城堡中共有 24 套设施完善的主人套房。

新的入口

在坎索纳家族购入城堡时，有一条长长的梧桐林荫道通向城堡，道路的另一头通往莫雷斯特尔的方向，一直延伸到山脚。但随后，该家族缩小了花园的面积，缩短了林荫道的长度，以便修建新的道路系统。

坎索纳家族让人建造了花园入口的栅栏门。

栅栏门

这扇门仿造了卢瓦河地区某座城堡的大门，由锁匠、前手工业行会会员博代·德·格罗斯雷于19世纪40年代安装。

梧桐林荫道经过橘园（橘园的二楼在19世纪时扩建了一个露台），通向一片开阔的草坪，草坪尽头是城堡的主立面和侧翼。

城堡和大门之间的草坪形成了一种微型地平线，家里的地平线。（《日记》，1935年8月）

从草坪上可以看到钟楼和村庄里的若干屋顶，沿椴树林荫道抄近路即可到达村里的主要街道。

屋顶用红色和白色的瓦片进行了修补，呈现

城堡鸟瞰图

出斑驳的外观。窗前弧状的地平线显得精致、简洁而纯净。(《日记》,1928 年 7 月)

花园

花园占据了一整座小山,里面树木种类繁多,还有几块草地、一片灌木丛、一个果园和一个菜园(已不复存在)。

梦想家看到花园边缘有一行柔美的白杨树。它们就像一排歌剧舞者,从右到左摇曳多姿,纷纷展现出一个由田野、小径和山峦组成的多彩天堂。(《日记》,1954 年 7 月)

整座城堡(占地 1 公顷)和占地 17 公顷的花

保罗·克洛岱尔在亭楼前
约摄于1950年

园自1964年起就被列入《历史古迹增补名录》[1]。"梅里美数据库"[2]所存储的城堡照片展现了一些独具匠心的建筑细节（门、天花板、壁炉）。

如今，通过航拍照片，我们可以清楚地看到主要建筑之间的衔接。这些建筑围绕着一个狭窄的梯形内院，院子的东北角矗立着罗西永塔楼。

---

1 历史古迹增补名录（Inventaire supplémentaire des Monuments Historiques）：1913年12月31日，法国制定了世界上第一部保护文化遗产的现代法律《保护历史古迹法》。1927年7月23日，法国立法确立了历史古迹增补名录，补充了1913年法律关于历史古迹的规定。
2 梅里美数据库：定期更新的法国建筑遗产数据库，创建于1978年，于1995年上线运行。数据库名称源于作家普罗斯佩·梅里美。

保罗·克洛岱尔的

城 堡 生 活

在一所充满东方色彩的华丽宫殿，我完成了自己的皇皇巨著并辉煌隐居。

诗人摘录了兰波[1]《彩图集》(*Illuminations*)中的散文诗句，并在《日记》中多次引用。

在外交生涯即将结束之际，保罗·克洛岱尔想要安顿下来。他度假回法国时，住在瓦尔罗梅[2]（安省贝莱[3]附近）。他妻子莱娜的家族，即圣玛丽·佩兰家族，在当地拥有一处房产。他热爱这个地区，试图在附近定居。

---

1 阿蒂尔·兰波（Arthu Rimbaud，1854—1891）：19世纪法国诗人，早期象征主义诗歌的代表人物，超现实主义诗歌的鼻祖。
2 瓦尔罗梅（Valromey）：法国历史文化底蕴深厚的地区，位于比热地区。
3 贝莱（Belley）：法国市镇，属于奥弗涅-罗讷-阿尔卑斯大区安省。

保罗·克洛岱尔及妻子莱娜在菜园入口处
约摄于1935年

多菲内不是我的故乡，但却是我选择的家园。

(《多菲内颂歌》[*Éloge du Dauphiné*]，1942)

当时，维里厄家族决定搬去他们的布尔布尔河畔维里厄[1]领地定居，并打算出售布朗格城堡。双方迅速达成协议后，保罗·克洛岱尔于1927年买下该房产并搬入。

最好就是马上前往乡村，就像那些不再追自己尾巴、再也无法用后爪抓耳朵的老狗一样。但是，如果试图相信永恒以及缓慢和永恒的关系，最好的办法不就是尽量减少行动吗？另外，我的

---

1 布尔布尔河畔维里厄（Virieu-sur-Bourbre）：现为法国市镇，又名维里厄，属于伊泽尔省。

保罗·克洛岱尔在椴树林荫道的矮墙上
约摄于1935年

耳聋也使我得到了宁静。我所要做的,就是探索静止的世界,用意识去触摸流逝的时间。(《剑与镜》[*L'Épée et le Miroir*], 1937)

> Vois! l'ombre s'est prolongée
> Jusqu'à la réalité
> Le faux provoque le vrai
> A travers la brume la rade
> Authentifie son reflet
>
> P.C.

克洛岱尔创作的诗《影》，灵感来自罗讷河
水彩画，由勒妮·南特绘制

保罗·克洛岱尔在布朗格城堡的生活

*在每一个美丽的夜晚,包括在此刻令人惬意的夜空下,我都感觉找到了归宿;在永恒旅者的脚步前,在最终建立距离和理解的过程中,出现了一些从此不可逾越的东西。(《多菲内颂歌》[*Éloge du Dauphiné*],1942)*

诗人于 1927 年 7 月 14 日搬入城堡。他在日记里写道:"这是我第一次在妻子和五个孩子的陪伴下,身处属于自己的屋檐下。"他致信弗朗西斯·雅姆[1]:

---

[1] 弗朗西斯·雅姆(Francis Jammes,1868—1938):法国旧教派诗人,笃信宗教,热爱自然。他的诗把神秘和现实混合在一起,行文质朴,鲜有华丽辞藻。

保罗·克洛岱尔与其孙辈在台阶上
摄于 1940 年前

"我刚刚买下……一座拥有三四百年历史的古堡。对于我这个永恒的放逐者而言,终于感到头上有了属于自己的屋顶,这种感觉很奇特。"

在任职外交官期间,保罗·克洛岱尔每逢休假就住在布朗格。他终于有地方摆放家什了。但要做的事还有很多:1927 年时,城堡里没有水电,屋顶也破烂不堪。

退休时光

"您从比利时回来后打算做什么?您会住在巴黎还是布朗格?您会出版《城堡的夜晚》(Les Veillées du château)吗?" 这是雅克·马杜勒[1]在 1935

---

1 雅克·马杜勒(Jacques Madaule,1898—1993):法国作家、政治家。

年向保罗·克洛岱尔提出的问题。

从1935年退休那年起,诗人每年6月至10月都住在布朗格。

*罗讷河休想把我从这群山中拔除;太多的支流将我裹缠其中,强劲的水流只会让我坚信自己新生的根基力量强大。这是快乐之地!神圣之地!南边阳光灿烂,北边雾气弥漫!大地逐渐与海天连成一片!早在投入你怀抱之前,我就因为习惯、因为欲念而熟悉了你。(《多菲内颂歌》[*Éloge du Dauphiné*],1942)*

他的子女们和孙辈们会在暑假时与他欢聚一堂:

孩子们在放置体育用具的门廊下肆意玩耍。在十点的阳光下,乡村里一派和乐气氛。(《日记》,1950年7月)

诗人的日程安排得井井有条。他一天的生活从乡村教堂的晨间弥撒开始。之后的几个小时是创作时间,下午则用来写信和散步。五点左右,他沿着椴树林荫道再次前往教堂,向圣母玛利亚祈祷:"履行职责的圣女,倾听心声的圣女。"他曾经创作过多首颂扬圣母的诗歌。

莱娜·克洛岱尔负责管理这幢房屋,这使诗人免受俗务打扰。每当离开城堡,他总是有些伤感:"在露台上,置身于瑰丽的风景之中。天空中飘着银色和蓝灰色的云朵,带来无穷的光影变化。

1940年战争期间，保罗·克洛岱尔夫妇乘坐马车

秋光拂过的树叶也是如此，就像是各色纷呈的调色板。令人心有所动，不由沉思。"（《日记》，1953年9月）

1939—1945年战争

第二次世界大战期间，诗人于1940年至1944年间隐居在布朗格。他的《日记》详细记录了他的生活以及他对事件的反应。

不幸

夏天，菜园和农场可以提供食物。冬天却很难熬，因为这座大庄园几乎没有取暖来源。克洛岱尔收听广播，关注时事政治。自从1940年5月

卡米耶·克洛岱尔作品《海浪》，摆放于城堡大楼梯一角

他前往阿尔及尔[1]开展活动以后,他一直受到维希政府[2]的监视。

我见到了勒博将军[3],并向他说明了我的情况:我是响应温斯顿·丘吉尔的号召。(《日记,1940年》)

回国后,他发现城堡被德国人洗劫一空,这些人已经在城堡里待了两周。他的儿子皮埃尔被

---

1 阿尔及尔(Alger):是阿尔及利亚首都,港口城市。
2 维希法国政府:正式名称为法兰西国政府(État français),是二战期间在德国攻入法国并迫使法国投降后,由德国占领军扶持法国政府要员组建的傀儡政府,存在于1940年7月到1945年间。因其实际首都在法国南部小城维希,而日后的法国政府又不认可该政府合法性,故称之为维希法国、维希政权或简称维希。
3 乔治·勒博(Georges Lebeau, 1879—1962):1935年至1940年任阿尔及利亚总督。

俘。他的女儿莱娜和女婿雅克-卡米耶·帕里斯已经迁往伦敦,投奔戴高乐。他感到焦虑不安。1941年12月,他写信给法国大拉比[1],对反犹太法律的出台表示愤慨。1943年9月,他最后一次探望了被关在蒙德韦尔盖精神病院的姐姐卡米耶[2]。

她认出了我,见到我非常感动,不断重复着:"我的小保罗,我的小保罗!(《日记》,1943年9月)

她于1943年10月23日去世。

在战争即将结束的时候,来自周边地区的抵

---

1 法国大拉比:法国犹太社区最高级别的宗教人物。
2 卡米耶·克洛岱尔(Camille Claudel, 1864—1943):法国最优秀的女雕塑家之一,是法国雕塑大师奥古斯特·罗丹的学生,也是他的情人和艺术的竞争者。1913年,她因罹患精神病而被送入精神病院,直至去世。

抗战士前来拜访他（城堡位于安省抵抗运动[1]中心之一的安布莱翁[2]附近，离韦尔科尔[3]也不远）。之后，诗人张开双臂欢迎盟军的到来。

1944年8月23日星期三——从白天到夜晚，我们一直听到从远处传来的炮声。早上，来我们家存放汽油的军警告诉我们，沿克鲁瓦-奥特公路到达的美国人已经占领了格勒诺布尔。三点的时候，我打开收音机，听到了这些令人难以置信的

---

1 法国抵抗运动：指第二次世界大战期间法国人民抵抗轴心国以及维希政府所开展的所有行动，主要由戴高乐领导的"自由法国"等组成。
2 安布莱翁（Ambléon）：法国市镇，属于奥弗涅-罗讷-阿尔卑斯大区安省。
3 韦尔科斯（Vercors）：阿尔卑斯山麓地区的一座高原，横跨伊泽尔省和德龙省，构成了一个自然区域。

CHÂTEAU DE BRANGUES
MORESTEL
TEL N°2 BRANGUES
ISÈRE

Le 29-4-43

Mon cher B.

J'aimerais bien recevoir des croquis des costumes des femmes.

Dans le Larousse du XXᵉ Siècle j'ai trouvé des costumes assez idoines. Par ex. voir au mot : Florinetta.

Aussi la planche : Costumes. Pour Doña Honoria une coiffe Marie Stuart ?

Pour le Sergent Napolitain voir "Règne de Henri III". Le petit mantelet est très drôle

Pour les femmes (Doña 7 Epées ?) le petit toquet avec plume sur le coté est assez bibi !

Amitiés

P. Cl.

保罗·克洛岱尔致让-路易·巴罗的信

话语：巴黎解放了！……我听着新闻，泣不成声。（《日记》，1944年8月）

轶事

1940年7月，克洛岱尔从阿尔及尔归来时，遭遇了一个令人不快的意外。"德国佬特别恨我。他们在所有的门上都画了我的肖像（模仿让·夏洛[1]的风格），画像里我的头被砍掉了。"（《日记》，1940年7月）

1942年6月，让-路易·巴罗[2]从布朗格返回

---

[1] 路易·亨利·让·夏洛（Louis Henri Jean Charlot, 1898—1979）：法国画家、绘图师、雕刻师和石版画家，活跃于墨西哥和美国。
[2] 让-路易·巴罗（Jean-Louis Barrault, 1910—1994）：法国演员、导演、制片人。

椴树林荫道上的保罗·克洛岱尔

时，拿回了一封被撕成碎片的珍贵信件。在信中，克洛岱尔正式允许他在法兰西喜剧院上演《缎子鞋》(*Le Soulier de satin*)。德军在越过分界线[1]时，撕毁了这封信件。

1944年2月，雅克·马杜勒和皮埃尔·舍费尔[2]在布朗格拜访了克洛岱尔。他们在克洛岱尔不知情的情况下录制了部分访谈内容。

因此，他说话很坦率，他只要是把交谈者视

---

1 分界线（Ligne de démarcation）：指二战期间法国境内德军占领区与未被占领的自由区（1942年德军入侵时称为南部地区）之间的分界线，由1940年6月22日的停战协定确定。1942年11月11日，德军入侵南部地区，分界线化为乌有。
2 皮埃尔·舍费尔（Pierre Schaeffer，1910—1995）：法国工程师、研究员、理论家、作曲家和作家，被认为是无声音乐、音响音乐和电声音乐之父。

为朋友时就会这样。这和采访阿穆鲁什[1]时的情况不同。我们在他不知情的情况下录制了这段谈话。但我们紧接着就告诉了他,他并没有为此生气,而是让我们考虑一下出版日期。当时法国完全被占领,如果这些唱片落入敌手,后果不堪设想。(雅克·马杜勒,唱片《克洛岱尔说》[*Claudel parle*]所附小册子的序言,1965。)

1944 年,爱德华·赫里欧[2]在克雷米厄[3]附近

---

1 让·阿穆鲁什(Jean Amrouche,1906—1962):阿尔及利亚法语作家、诗人和记者。
2 爱德华·赫里欧(Edouard Herriot,1872—1957):法国政治家兼学者。激进党领袖,曾三次担任总理,两度担任众议院议长。1905 年至 1940 年,担任里昂市长,1945 年再次担任市长直至去世。1946 年,当选为法兰西学术院院士。
3 克雷米厄(Crémieu):法国市镇,属于伊泽尔省。

的家中被捕，当时他住在安比河谷[1]的布罗泰尔庄园。随后，他被德军劫持到锡格马林根[2]。他在一张纸上草草写了几句以警示老友克洛岱尔，并拜托邻居转交。

法国解放时，克洛岱尔从自己藏匿物品的井中取出了一些珍贵或机密的手稿和信件。

---

[1] 安比河（Amby）：法国罗讷河的一条支流，位于伊泽尔省北部。
[2] 锡格马林根（Sigmaringen）：德国南部巴登-符腾堡州的一个镇，位于多瑙河畔。

克洛岱尔的足迹——城堡和花园

布朗格城堡

莫雷斯特尔

电话：布朗格 2 号

伊泽尔省

1938 年 7 月 5 日

亲爱的弗朗索瓦丝：

我把城堡，或者说城堡局部的照片寄给您：

A 是餐厅；

B 是图书室长廊；

C 是小客厅；

D 是我的卧室（三扇窗户）；

E 是附属建筑。

遗憾的是，最漂亮的外立面在另一边。这里有一座中世纪的大型塔楼和一座文艺复兴时期的大型建筑，还有一个巨大的露台，两旁种满了椴树，底下是一个大围墙和树林，四周是玫瑰花坛。最近，这里连降暴雨，已经五天了。城堡下方三公里处，壮丽的罗讷河蜿蜒流淌，与一条神秘小河交汇合流。那是萨维河[1]，它流经草原和沼泽地，河边杨树参天。这里距离两头的艾克斯莱班[2]和里昂[3]都是五十公里。这个炎热潮湿的地区常年水汽蒸腾，令人如入仙境，尤其是在九月。（保罗·克洛岱尔致弗朗索瓦丝·德·马西利）

---

1 萨维河（Save）：法国西南部河流，加龙河支流。
2 艾克斯莱班（Aix-les-Bains）：法国市镇，属于奥弗涅-罗讷-阿尔卑斯大区萨瓦省。
3 里昂（Lyon）：法国东南部第三大城市，奥弗涅-罗讷-阿尔卑斯大区首府。

大楼梯

城堡内部美丽的房间

这幢房屋处处都让人想起莱娜·克洛岱尔。1906年,年轻的外交官夫人新婚伊始就启程前往中国。自那以后,她布置过不少居所,这里是她布置的最后几处之一。

城堡的正门通向前厅,前厅地面铺满冰凉的石板,厅内摆有多菲内式餐具柜和两张野味桌[1]。只要穿过这条通道,就会看到城堡四个方向的布局。

西面,透过前门,可以看到梧桐林荫道。北面是一间拱形石室。东面,在巨大的楼梯脚下,

---

[1] 野味桌(table à gibier):一种专门用于切割和制备野味的家具。猎人或屠夫通常用其屠宰和制备鹿、野猪或野禽等野味。

餐厅

有一条过道通向厨房、其附属建筑和内院。南面是彼此连通的几间接待厅,有大窗户采光。

餐厅

18世纪的护壁板被重新刷上了仿木纹漆,以匹配维里厄家族从当地工匠那里所定购的家具(桌子、椅子和餐具柜)。

房间使用火炉供暖,因而必须通过内院的一个开口给火炉添加燃料。

布朗格的圆桌,可坐十二个人。另外还有孩子们的小桌子。五个子女及其家人都可落座。(《日记》,1954年9月)

红厅

名为"红厅"的客厅

红厅两面开窗,是城堡中最明亮、最舒适的房间。两面威尼斯镜子[1]使其熠熠生辉。围绕茶几摆成一圈(经历驻华领事生活后所保留的习惯)的两张软垫长椅、扶手椅和椅子都是第一帝国时期[2]的制品。这些家具曾属于维里厄家族,当时与城堡一同出售。

客厅的显眼位置悬挂着一幅年轻女子的肖像,作者是巴洛克[3]画家让-巴蒂斯特·桑泰尔

---

1 威尼斯镜子:玻璃镜子发源于14世纪的威尼斯。当时,威尼斯以其玻璃工艺而闻名于世。
2 法兰西第一帝国(1804—1815):由拿破仑·波拿巴所建立的君主制国家,又被称为拿破仑帝国,在19世纪的欧洲影响甚大。
3 巴洛克:1600年至1750年间在欧洲盛行的一种艺术风格,覆盖整个艺术领域,包括绘画、音乐、建筑、装饰艺术等,(转下页)

（1658—1717）[1]。作家从其岳父那里获得了这幅"红衣女郎"画像，并从中得到了灵感和启发（他误以为这是德·西米亚内夫人）：

> 是我，宝丽娜·阿德马尔·德·蒙泰伊·德·格里尼昂，德·西米亚内伯爵夫人。我看到了自己身后的影子，一个名声赫赫，一个端庄肃穆。您一定想从我这个年轻人口中得知她们的姓名。一个是我的外祖母，塞维涅侯爵夫人玛丽·德·拉比坦-尚塔尔[2]，还有一个是我的外高祖母圣尚塔

（接上页）最基本的特点是打破文艺复兴时期的严肃、含蓄和均衡，崇尚豪华和气派，注重强烈情感的表现。

1 让-巴蒂斯特·桑泰尔（Jean-Baptiste Santerre, 1651—1717）：法国画家。

2 玛丽·德·拉比坦-尚塔尔（Marie de Rabutin-Chantal, 1626—1696）：人称塞维涅夫人，法国书信作家，代表作《书简集》。

尔[1]……这个由其名流后裔所继承的物品，不是什么装饰精美的曼陀铃[2]，而是一件颇有分量的乐器。要不是因为琴弦的数量（七根）表明这是一把低音古提琴，人们会误以为是一把中提琴。(《关于塞维涅夫人——德·西米亚内夫人的肖像中的红衣女郎》[*La dame en rouge. À propos de madame de Sévigné. Sur un portrait de madame de Simiane*]，1942）

每天晚上 7 点左右，作家都会穿着中国丝绸上衣，下楼来到红厅，在晚饭前玩一玩名为"王者耐心"的纸牌游戏。

---

1 珍妮-弗朗索瓦丝·弗雷米奥（Jeanne-Françoise Frémyot，1572—1641）：尚塔尔男爵夫人。1767 年被罗马教皇册封为圣人。
2 曼陀铃（Mandolin）：弹拨乐器，起源于意大利。

中国厅

名为"中国厅"的客厅

这是一间接待厅,专门用于接待客人。墙壁上贴着皮耶芒[1]风格的中国风壁纸。

厅内的家具会令人想起克洛岱尔外交生涯的某些阶段。

屏风和中式扶手椅让人想起1895年至1909年间他在中国的十五年时光,书桌和椭圆形桌让人想起1909年至1911年间他在布拉格的生活,荷兰餐具柜则让人想起他在布鲁塞尔的最后一次任职。一架埃拉德[2]三角钢琴让客厅锦上添花,可

---

1 让-巴蒂斯特·皮耶芒(Jean-Baptiste Pillement,1728—1808):法国画家和设计师,以其精美细腻的风景画而闻名。他最大的影响力在于根据绘画创作版画,在欧洲传播洛可可风格以及中国风。
2 塞巴斯蒂安·埃拉德(Sébastien Érard,1752—1831):德裔法国乐器制作师,专门制作钢琴和竖琴,开创了现代钢琴的先河。

克洛岱尔的书房

以令人陷入美好的想象：

  这里的一切都具有象征意义。上方的吊灯如同巨大的水晶晶簇，闪烁着棱镜的光芒。这些晶簇无比闪耀。地毯像是深蓝色的大海，镶着绿边。黑色的桌子上放着一个金色的盒子，盒上系着一条鲜红色的带子。四面墙上贴着棕榈树图案的壁纸，多面镜子映照着客厅的室内空间。一幅油画描绘了年迈的西比拉[1]，另一幅画里则是一位年轻女子，双手分别拿着乐谱和七弦琴。镀金屏风展现了旅行的场景，在其两侧分别是灯和静立的花瓶……座椅上空无一人，显得庄严肃穆。装满秘密的橱柜顶上摆放着一个深色花瓶。这是城堡里

1　西比拉：意为"女先知"，指古希腊的神谕者。

不太常用的房间，适合主人安静独处。(《日记》，1952 年 7 月）

音乐室
保罗·克洛岱尔的书房

由于腿脚不便，诗人将自己的书房设在了原本的音乐室，远离孩子们的喧闹声。如今，在这个静谧的工作场所里仍然放着诗人最常用的工具书，如《二十世纪拉鲁斯大百科全书》[1]。

墙上挂着画家泰维内[2]的作品，画的是阿尔蒂

---

1 《二十世纪拉鲁斯大百科全书》(Le Grand Larousse)：法国综合性百科工具书，以法国百科全书编纂学家拉鲁斯姓氏命名，初版于 1865—1876 年，由拉鲁斯出版社出版。
2 雅克·泰维内 (Jacques Thévenet，1891—1989)：法国画家、雕刻家和插画家。

尔·奥涅格[1]，他曾为《缎子鞋》和清唱剧《火刑柱上的圣女贞德》(*Jeanne d'Arc au bûcher*)创作过舞台音乐。

我的书房美丽又明亮，后面还连着一个光线昏暗的客厅。这不就是兰波的理想吗？（《日记》，1950年7月）

"美丽的朱迪斯"

保罗·克洛岱尔最初住在位于二楼的"美丽

---

[1] 阿尔蒂尔·奥涅格（Arthur Honegger, 1892—1955）：瑞士作曲家，出生于法国，大部分时间生活于巴黎，是法国六人团（指20世纪前期法国六位作曲家，即奥里克、迪雷、奥涅格、米约、普朗克、塔勒费尔）的成员。

"美丽的朱迪斯"卧室

的朱迪斯"卧室里。这个房间朝向东北,靠近罗西永塔楼,可以将比热山脉和村庄钟楼的美景尽收眼底。

在宗教战争时期,这里可能是领主们的卧室,室内配有带罩的大壁炉和瓷砖地面,给人一种粗犷而舒适的感觉。(《在〈启示录〉花窗中》[*Au milieu des vitraux de l'Apocalypse*],1928)

这个房间之所以叫这个名字,是因为墙壁上原本挂满了展现《圣经》中朱迪斯和霍洛芬斯故事[1]的挂毯。这些挂毯如今挂在维里厄城堡,但是

---

[1] 该故事源自《旧约圣经》的《朱迪思之书》,讲述了以色列女英雄朱迪斯,在亚述大军围攻其家乡伯图里亚时,潜入亚述军营并刺杀了亚述主帅霍洛芬斯。

克洛岱尔仍然可以想象它们的样子。

　　对于"美丽的朱迪斯"卧室壁画的设想:以创世纪为主题,画面上有一群大象,其中最大的一只用肩膀撞倒一棵巨树,树木歪斜倒下……另一个主题:大洪水。画中展现阿尔卑斯山的风景、长长的层叠岩石带、高高耸立的卫城、四面八方涌来的水流,然后上方一道横跨两端的巨大彩虹突出于整个构图。最后,在最下方的大片赭石和暗绿的底色中点缀一小抹朱红,勾勒出渺小的诺亚及其子女向上帝献祭的场景。(《日记》,1930年8月)

保罗·克洛岱尔的图书馆

保罗·克洛岱尔的图书馆在布朗格城堡里得到了较为完整的保存,地点就在二楼专门为他辟出的房间里。馆中约有 3000 册图书,其中一些有评注和 / 或亲笔题词。这位外交官在旅途中以及在 1923 年的东京地震期间遗失了许多书籍。尽管如此,余下的书籍仍然构成了相当庞大的收藏。

城堡里还有皮埃尔·克洛岱尔的图书馆。他收集了父亲不同版本的作品和大量的批评文本,存放在布朗格。

追随作家的脚步

克洛岱尔非常喜欢步行。在中国,他在行走

保罗·克洛岱尔的图书馆

的生活中创作出了散文集《认识东方》(*Connaissance de l'Est*)。在布朗格，上了年纪的他每天都会在花园里散步。

通往村庄的椴树林荫道

当诗人走出书房时，他会拄着手杖，沿着通往村庄和教堂的椴树林荫道前行。

布朗格这个名字，仿佛就是教堂每日鸣钟三次诵念《三钟经》[1]时回响的青铜之音，一经入耳，我便会期待它未来再次响起。于是，在对整个世

---

1 《三钟经》：是记述圣母领报及基督降生的天主教经文。因每天鸣钟三次诵念，故中文名为《三钟经》。

从埃维尼桥上欣赏罗讷河景色

界进行了漫长的探寻之后,我将余生与布朗格联系在了一起。现在,我住在陡峭的河岸边,这奔腾的河流像极了人类的一生。如果说我离河太远,湍急的水流无法将我带入河中,那么至少,当我在沉思中迈开脚步,沿着古老椴树掩映下的露台前行时,我得到了天空中的另一条罗讷河,并伴着它那永不停歇的旋律,从入口一直走到出口。
(《布朗格》,1943)

远方的群山

诗人最爱的景致之一,就是凭窗远眺和外出散步时望见的群山。他拥有多个观景的角度。

群山构成了一道深蓝色的布景。——上面是

克洛岱尔诗作《潘与西林克斯》所配插图"群山之舞"
水彩画,由奥黛丽·帕尔绘制

阳光照耀下的罗讷河谷，金黄、透亮、通明。杨树那纺锤形的树冠看起来像是山峦投下的暗影。（《日记》，1941年3月）

这是第一次，我不仅震撼于罗讷河沿岸山丘的轮廓和相互交织的曲线，还惊叹于它们饱满的山形、起伏的山势和宏大的山体。这简直就是完美的肌肉线条。（《日记》，1942年9月）

再也没有理由离开了！一眼望去，罗讷河对岸绵长的曲线妙不可言，充满女性的柔美。我还有什么不满足？（《日记》，1950年7月）

月亮

诗人一直钟情于月亮，以至于在《缎子鞋》的第二幕中，连海面升起的月亮都开口说了话。

布朗格的月亮如此亮相:

  经过那漫长而又炎热、充实和光明的四个月,今晨的天空依然为我留有一轮不大不小的月亮。在这清新的黎明中,它高高地悬在纯净空旷的天空里,欢喜地看着我去做弥撒!它的左侧缺了一大块,但在过去的两个夜里仍然熠熠生辉,那皎洁的光华如夜曲般流淌入百叶窗,溢满我的卧室,自然而然地吻上我的脸颊。月亮还是像往常一样快乐,但是因为它刚刚失去了停匀的外形,因此似乎是在澄明的空气中摇来摆去,同时发出快乐的喊叫。"那是我的球,"这个"孩子"说,"就在那上面。"我先是往下看,随后又抬头望向空中。它就在那儿!(《剑与镜》[*L'Épée et le Miroir*], 1937)

墓地

　　1955年9月，克洛岱尔长眠于花园尽头。遵照他的遗愿，他被葬在外孙夏尔·亨利·帕里斯的旁边，后者去世于1938年，殁年两岁。多年来，他一直沿着灌木丛小径去孩子的墓前祈祷。诗人去世后，让-路易·巴罗在其墓前种了一棵白杨树以表达对导师的敬意和怀念。莱娜·克洛岱尔（逝于1973年）与丈夫合葬在一起。
　　墓地（由画家及壁画艺术家埃米尔·贝尔纳[1]设计）的墓志铭是：

---

[1] 埃米尔·贝尔纳（Emile Bernard，1868—1941）：法国印象派和后印象派艺术家。

保罗·克洛岱尔之墓

此处安葬的是保罗·克洛岱尔的遗体和种子。

这句话的灵感源于圣保罗的《哥林多前书》[1]。

2001年,在举办题为"克洛岱尔倾听日本"的布朗格文化节时,捐赠者竹本隆俊出资修建了一座日本花园,以纪念这位诗人大使与他所喜欢的国家之间的不解之缘。

你好,晚星!在花园的尽头,在花园最偏僻的角落里,有一棵细长的白杨树全心全意地仰望着空中的你,就像一支蜡烛,表达着信仰和爱意!就在那里,在一堵长满青苔和蕨类植物的旧

---

1 《哥林多前书》:全名是《保罗达哥林多人前书》,是保罗为哥林多教会所写的书信。第15章中,保罗以"植物"来比喻身体的复活,正如种子要埋在地里"死去",才会生长。

让-路易·巴罗在墓前

墙下,我标记了自己的位置。就在那里,就在那个毗邻乡野农田的地方,安息着我那逝去的纯真孩儿。我常常带着念珠去他墓前祈祷,而今后我将与他在此相伴,一同长眠。罗讷河也是一样,它不停地捻动着自己的念珠,诵念着令人伤感的经文,其中间或夹杂着某条大鱼热情洋溢的欢呼声。天空中那颗闪闪发光的星星不就是圣母玛利亚吗?那颗已经战胜死亡、总是出现在我视线中的星球?(《布朗格》)

保罗·克洛岱尔和菲利普·贝特洛
摄于 1934 年之前

诗人的访客

当时,克洛岱尔已经功成名就,有许多知名人士登门拜访。这些访客来自各个领域,他们的到访反映出克洛岱尔具备多方面的能力和才华。

下榻城堡的访客

诗人的一些朋友住在布朗格城堡。

菲利普·贝特洛[1]和妻子伊莲娜在这里有自己的房间。他曾是外交部秘书长,是克洛岱尔最亲

---

1 菲利普·约瑟夫·路易·贝特洛(Philippe Joseph Louis Berthelot,1866—1934):法国外交官。

密的朋友。从1904年起，他为克洛岱尔顺利开展外交工作提供了支持。

达律斯·米约[1]和妻子马德莱娜是诗人的忠实拥趸。这位作曲家曾是克洛岱尔在里约公使馆任职时的秘书，并曾为诗人的一些作品谱曲。他们的合作为戏剧与音乐的融合提供了创新理念。

英国人奥黛丽·帕尔的到来备受欢迎，这位迷人的艺术家深受诗人一家的喜爱。她曾为《人和欲望》(*l'Homme et son désir*)、《智慧的盛宴》(*le Festin de la Sagesse*)和《圣热纳维耶芙》(*Sainte Geneviève*)绘制过插图。

---

[1] 达律斯·米约（Darius Milhaud，1892—1974）：法国作曲家，六人团成员之一。

我希望您能重新适应阴暗沉郁、烟雾缭绕的英国，不要过多想念光芒四射、薄雾轻笼的美丽罗讷河。您思念它，它也思念着您。您是绯红的亮点、金色的亮片，这条忧郁的河流需要您。失去您，这座房子就失去了它的心，而我也失去了我的心。

致奥黛丽·帕尔，1937 年 8 月 31 日于布朗格

1939 年 7 月，年轻的让-路易·巴罗首次拜访克洛岱尔；1942 年，他再度来访，为《缎子鞋》的上演做准备。这两次来访开启了双方的长期合作，其间巴罗和他的演员妻子玛德莱娜·雷诺曾多次造访布朗格。

保罗·克洛岱尔和奥黛丽·帕尔

车站餐厅

里昂-佩拉什火车站[1]

1942 年 1 月 11 日星期日

再次感谢您的盛情款待。您给了我莫大的鼓励！我会努力工作，不辜负您的期望。我将用工作中所体验到的快乐来回报您。我非常喜欢您这里的气候，并且由衷地感谢您。

让-路易·巴罗

不曾留宿的访客

除了这几位被视为家庭成员的朋友外，还有许多其他没有留宿的客人：比利时伊丽莎白王

---

1 里昂-佩拉什火车站：该火车站位于里昂市佩拉什区。

1948年9月,比利时伊丽莎白王后和意大利玛丽·何塞王后在布朗格

后[1]、女演员伊达·鲁宾斯坦[2]、评论家亨利·吉尔曼[3]、电影艺术家罗伯托·罗西里尼[4]等。克洛岱尔也会拜访住在附近的朋友,包括举办沙龙的皮耶罗男爵夫人和爱德华·赫里欧。

克洛岱尔非常欣赏上文这位里昂市长,他的回忆就证明了这一点:

> 聆听他的发言是件多么令人愉快的事情!我们两人曾经在第二故乡里昂一同庆祝该省

---

[1] 伊丽莎白王后(Élisabeth de Belgique,1876—1965):比利时国王阿尔贝一世的妻子。
[2] 伊达·鲁宾斯坦(Ida Rubinstein,1885—1960):俄罗斯舞蹈家、演员。
[3] 亨利·吉尔曼(Henri Guillemin,1903—1992):文学批评家、历史学家、辩论家。
[4] 罗伯托·罗西里尼(Roberto Rossellini,1906—1977):意大利电影导演、编剧和制片人。

学院¹成立250周年。当时我听到旁边一位兴奋的听众赞叹道:不可否认,我们的议长非常有魅力!"在我看来,他的即兴发言散发着缪斯女神的魅力,使我第一次发现法语可以如此优雅。他言谈之间透露出博大的胸怀,同时脸上洋溢着仁慈的光辉,如同照耀古城的和煦阳光。(《里昂颂歌》[Éloge de Lyon],1950)

从六月到十月,贵宾纷至沓来。布朗格城堡向他们敞开了大门。他们为城堡注入活力的同时,也提升了城堡的声望。

---

1 里昂科学与文学学院(Académie des sciences et belles lettres):1700年成立,1758年与里昂美术学院合并为里昂科学、文学和艺术学院。

"确实,我在布朗格的产业令我花费不菲,远远超过了它带给我的收益。但它在我手中并不是毫无用处。它的每一个角落,都留下了我的生活印记。"(《日记》,1954年8月)

1880 年左右的罗讷河
由伊丽莎白·德·维里厄绘制

诗人的创作

我应伊达·鲁宾斯坦的要求,正在创作一部关于多俾亚[1]的清唱剧。我对此非常感兴趣。然后,我将着手完成一件挂心很久的事情,就是为著名的圣经诗篇第67章撰写注释。此外,我还要替《费加罗报》[2]写几篇文章。这些工作将使我的假期变得非常充实。……其余时间我就睡觉、看书、做白日梦和照看孩子。

保罗·克洛岱尔致弗朗索瓦丝·德·马西利

---

1 多俾亚(Tobie):《旧约圣经:多俾亚传》中的人物。
2 《费加罗报》(Le Figaro):法国综合性日报,于1826年创刊,其报名来源于法国剧作家博马舍的名剧《费加罗的婚礼》中的主人公费加罗。

1940 年的莫雷斯特尔
水彩画,由勒妮·南特绘制

颂歌

克洛岱尔著有诗集《五大颂歌》(*Cinq grandes Odes*)。他从美丽的世界中汲取灵感，以赞美的笔调，向造物主及其作品致敬。每一个生命都会留下痕迹，每一处风景都会构成一幅图画，而画面上的符号需要得到解读。

诗人恪守创作理念，赞颂了布朗格、莫雷斯特尔、里昂和格勒诺布尔。诗歌的基调或调皮、或温情、或严肃，视情况而定。

周边环境

　　加尔都西大修道院[1]、贝莱镇、大科隆比耶山[2]、罗讷河畔及其沼泽和岛屿吸引着热爱散步的诗人。他驾车沿途所见的城镇和村庄也在他笔下显得鲜活生动。诗人就像造物主一样，为它们赋予了名字。

　　莫雷斯特尔！在你的领地，在这片由渗透性石灰岩构成的土地上，有二十个名字优美的村庄从四面八方向你致敬！圣维克多在土丘上巍然屹

---

[1] 加尔都西大修道院（La Grande Chartreuse）：天主教加尔都西会的第一座修道院，位于伊泽尔省。
[2] 大科隆比耶山（Le Grand Colombier）：法国安省汝拉山脉的一座山峰，海拔 1534 米。

立，只是少了风车助威！阿布兰登，正匍伏在水坑里！特雷普特，采石工的故乡！奥特沃兹，那里的群山曾经随着诗人[1]的笛声翩翩起舞！维泽龙斯，在黑暗时代[2]见证了潘塔古里什和博通卢斯之间的残酷战役[3]——我指的是克洛多米尔[4]麾下的法兰克人和国王戈多马尔[5]率领的勃艮

---

[1] 此处指潘神。

[2] 黑暗时代：指西罗马帝国灭亡后西欧中世纪早期（约5—10世纪），有时也指整个中世纪（约5—15世纪），其特点是经济、知识和文化衰落。

[3] 潘塔古里什和博通卢斯（Les Pantagouriches et les Botonglouzes）：作家埃米尔·贝热拉在其小说《残酷的战争》(1889)中所虚构的敌对邻国的名称。之后，上述名称在19世纪末成为法国出版界、政治界和新闻界所熟悉的术语，表示对立的国家或派系。

[4] 克洛多米尔（Clodomir，约495—524）：法兰克国王克洛维一世的儿子。

[5] 戈多马尔三世（Godomar III）：勃艮第国王，524年至534年在位。

艾克托尔·柏辽兹

象牙微型画，由保罗·德·波米拉克创作于 1840 年

第人[1]，后面这位国王完全无愧于自己的名号！
(《莫雷斯特尔》，1941)

在其《多菲内颂歌》中，克洛岱尔赞美了出生于科特-圣安德烈[2]的音乐天才柏辽兹[3]。

我并不是土生土长的多菲内人。但对我而言，这片壮阔的土地已经超出了传承和征服的意义吧？确切来说，它意味着使命！与其说这片土地

---

1 勃艮第人（Burgondes）：东日耳曼人的一支。5世纪，他们建立了勃艮第王国，最初覆盖了以下地区的全部或部分地区：勃艮第、弗朗什-康泰、萨瓦、奥斯塔河谷、里昂、多菲内和瑞士法语区。
2 科特-圣安德烈（Côte-Saint-André）：法国市镇，属于伊泽尔省。
3 艾克托尔·路易·柏辽兹（Hector Louis Berlioz，1803—1869）：法国作曲家，法国浪漫乐派的主要代表人物。

保罗·克洛岱尔,《西林克斯之曲》
水彩画,由奥黛丽·帕尔绘制

是一本书，或是一个字里行间交织着记忆和幻想的故事，不如说是一部从中间打开突然展现在我们面前的绝妙乐谱。如果要诠释这部乐谱，我们不仅需要眼睛，还需要内心深处与之契合的声音，以及随着美妙节拍情不自禁抬起的手臂。今天是一位伟大作家[1]的诞辰200周年，他曾声称一生中从未体验过被称为热情的感觉。这值得同情！而对于那位才华横溢、醉心艺术的巨匠，那位身着男士礼服、奋笔疾书的"女先知"[2]，热情是生命，是灵魂，也是诅咒。他能够从深邃的大自然和情感中汲取节奏和旋律，获取激情和狂喜，并在创作巅峰时领悟至福本身——一种难以言喻、令人

---

[1] 即德国著名思想家歌德。
[2] 此处克洛岱尔将柏辽兹比作后者的歌剧《特洛伊人》中的女先知卡珊德拉。

悲恸的至福理念。他就是：艾克托尔·柏辽兹。
(《柏辽兹琴弓下的多菲内》[*Le Dauphiné sous l'archet d'Hector Berlioz*]，1949)

当地的守护神

布朗格的祖先以神话中潘神的形象体现自我。这位吹笛的神灵自古以来就一直出没于罗讷河畔和周围的群山之中。他是当地的守护神。

在《潘与西林克斯》(*Pan et Syrinx*)中（该诗由达律斯·米约配乐，奥黛丽·帕尔绘制插图），潘神就像神话故事里那样，追寻着消失于芦苇丛中的仙女。"西林克斯之曲"是对"潘神之曲"的应和，后者选自克洛岱尔所推崇的《潘神之歌》(la Chanson de Pan)，其作者是第一帝国时期格勒诺布尔的一位默默无闻的诗人德·皮斯[1]。

我第一次读到这首诗是在世界上最美丽的地方之一,如果我给这地方取个略微奇特的名字——埃兹厄桥[2],当地人可能会认不出来。就是在这里,在重峦叠嶂、雄伟壮观的阿尔卑斯山下,宽阔的罗讷河绕过苍白的垂柳和长长的粉色沙滩,奔涌向前。在湍急冰冷的河水两岸,一排排参差不齐的白杨树,像是乡间质朴的排笛中无数的管子,与带状的石灰岩融为一体,而石灰岩则在夕阳的余晖下染上了一层金色,熠熠生辉。(《潘与西林克斯》,1934)

---

1 皮埃尔·安托万·奥古斯丁·德·皮斯(Antoine Pierre Augustin de Piis,1755—1832):法国高级警官、文学家和剧作家。
2 埃兹厄桥:此处指埃里厄桥(Pont d'Eyrieux),是罗讷河支流埃里厄河上的一座桥梁。

> Point de note si basse attaquée que je ne puisse remonter jusqu'en haut du peuplier !
> Penses-tu m'attraper, Pan ! penses-tu m'attraper, Pan ! penses-tu m'attraper, Pan !
> Pan, pan, pan, pan, pan, pan, pan !
> Pan, pan, pan, pan, pan, pan, pan !

> Penses-tu arrêter le courant inépuisable ?
> Du clair ! du bleu !
> Du ciel ! du feu !
> De l'eau ! du sable !
> Entre les saules et les sables
> De Beyrieu
> Au Pont d'Eyzieu
> Dans un bond, dans un tourbillon
> Dans un flot, dans un tourbillon
> De rires et de cheveux blonds,
> Dans cette arrivée de grands rires clairs et de grandes nappes claires et glauques,
> Pan pan pan ! Pan pan pan !
> Qui t'en vas tembourinant,

《西林克斯之曲》
续前

作品和日常

无论是在巴黎还是在布朗格,克洛岱尔从未停止写作。一旦灵感迸发,就一气呵成,极少删改。他每天从事多种体裁的创作,可以在同一天内从一种体裁切换到另一种。

戏剧

诗人在布朗格的第一个夏天创作了《克里斯托弗·哥伦布日记》(*Le Livre de Christophe Colomb*,1927)。

7月23日至8月9日。布朗格城堡,迁入新居。电力。文稿等。皮耶罗男爵夫人。安布莱翁

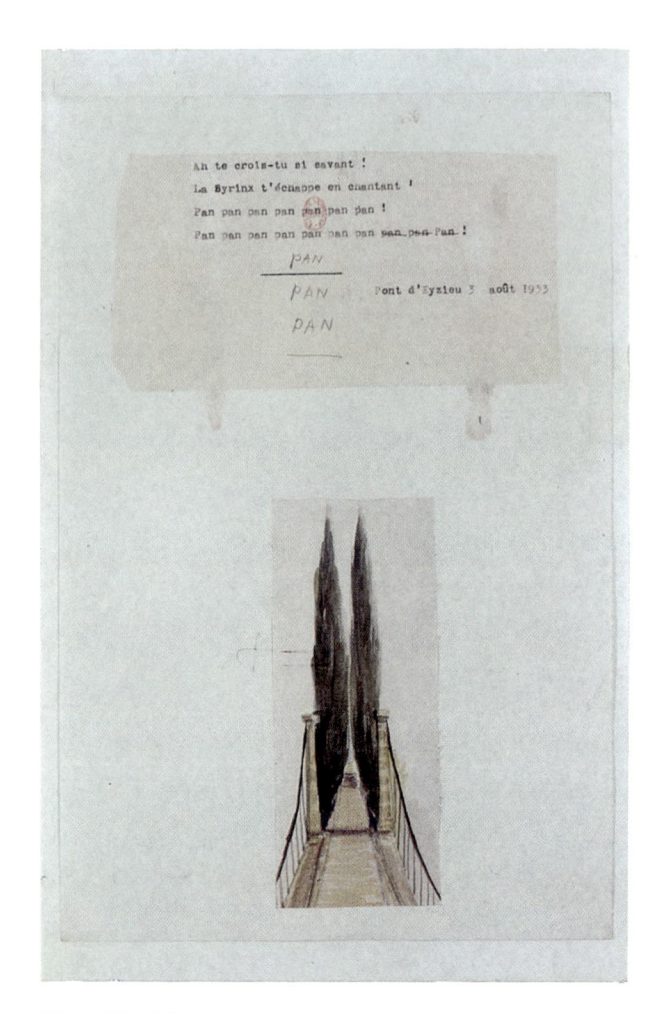

《西林克斯之曲》
终

湖。在周日完成莱因哈特[1]*所托的整本《克里斯托弗·哥伦布日记》。59 岁。(《日记》，1927 年 8 月)*

这部由达律斯·米约配乐的戏剧作品标志着一个转折点。从 1928 年开始，克洛岱尔几乎把所有精力都投入了注释《圣经》的工作。

圣经注释

《〈启示录〉彩窗之间》（1929）拉开了他一系列注释作品的序幕。书中展现了一位父亲（他自己）和女儿（他的小女儿莱娜）在布朗格"美丽

---

[1] 莱因哈特（Max Reinhardt, 1873—1943）：奥地利导演、演员、戏剧活动家。

的朱迪斯"卧室的情景。两人都对桌上那本敞开的大本《圣经》发表了看法。在他们的对话中,交织着一些关于城堡生活的细节。

父亲:你在吃什么?

女儿:是我们正在为孩子做的热焦糖。您要吗?很好吃。

父亲:你是想让我闭上嘴巴才给我"粘口胶"吧。你是怕我继续讲《启示录》烦你吗?

通信

克洛岱尔对于写信有着持续不懈的热情,和很多人一直保持通信联系,其中包括戏剧界人士(让-路易·巴罗、夏尔·杜林[1]、路易·茹韦[2]、雅克·科波[3]、奥雷利安·吕涅波[4])、作家(安德烈·苏亚雷斯[5]、弗朗西斯·雅姆[6]、弗朗索瓦·莫里亚克[7]、圣-琼·佩斯[8]、保罗·瓦

---

[1] 夏尔·杜林(Charles Dullin, 1885—1949):法国导演、戏剧和电影演员。
[2] 路易·茹韦(Louis Jouvet, 1887—1951):法国演员、导演、戏剧导演。
[3] 雅克·科波(Jacques Copeau, 1879—1949):20世纪上半叶法国知识界和艺术界的重要人物,法国现代戏剧的鼻祖。
[4] 奥雷利安·吕涅波(Aurélien Lugné-Poe, 1869—1940):法国演员、舞台导演和剧院经理。
[5] 安德烈·苏亚雷斯(André Suarès, 1868—1948):法国诗人和作家。
[6] 弗朗西斯·雅姆(Francis Jammes, 1868—1938):法国诗人、小说家。
[7] 弗朗索瓦·莫里亚克(François Mauriac, 1885—1970):法国小说家,1952年诺贝尔文学奖获得者。
[8] 圣-琼·佩斯(Saint-John Perse, 1887—1975):法国诗人、作家、外交官。

雷里[1]、路易·马西尼翁[2]）、外交官（弗拉基米尔·德·奥梅松[3]、亨利·奥佩诺[4]）、教士（瓦里永神父[5]、红衣主教朱尔内[6]、鲍德里亚阁下[7]、舍努神父[8]、

---

[1] 保罗·瓦雷里（Paul Valéry，1871—1945）：法国象征派诗人，法兰西学术院院士。
[2] 路易·马西尼翁（Louis Massignon，1883—1962）：法国东方学家、伊斯兰教史和阿拉伯语言文化专家。
[3] 弗拉基米尔·德·奥梅松（Wladimir d'Ormesson，1888—1973）：法国作家、记者和外交官。
[4] 亨利·奥佩诺（Henri Hoppenot，1891—1972）：法国外交官和高级公务员。
[5] 弗朗索瓦·瓦里永（François Varillon，1905—1978）：法国耶稣会牧师和神学家。
[6] 夏尔·朱尔内（Charles Journet，1891—1975）：瑞士天主教神学家。1965年，被教皇保罗六世任命为红衣主教。
[7] 阿尔弗雷德·亨利·鲍德里亚（Alfred Henri Baudrillart，1859—1942）：法国红衣主教、学者、历史学家、巴黎天主教学院院长和法兰西学术院院士。
[8] 玛丽-多米尼克·舍努（Marie-Dominique Chenu，1895—1990）：法国天主教多明我会神父。

吕巴克神父[1]）、艺术家（何塞-玛丽亚·塞尔特[2]、阿尔蒂尔·奥涅格）以及许多不知名人士。

在写给朋友奥黛丽·帕尔和弗朗索瓦丝·德·马西利的信中，诗人娓娓道来，和她们谈及自己和布朗格的家人。

日记

同时，他还坚持撰写《日记》(始于1904年)，并将其形容为"包罗万象"。《日记》中包含引文、名言、作品开头、生活肖像、旅行和散步

---

[1] 亨利·索尼埃·德·吕巴克（Henri Sonier de Lubac，1896—1991）：法国耶稣会士、天主教神学家、红衣主教。
[2] 何塞-玛丽亚·塞尔特（José-Maria Sert，1874—1945）西班牙画家、摄影师。

书房里的保罗·克洛岱尔

回忆、注释或评论。

以下就是一些他随手记下的看法和小事。

在通往格罗斯雷[1]的路上，一群妇女围着一辆童车忙碌着，车上放着一把镰刀。(《日记》，1947年10月)

春天在连续降下的大冰雹中突然到来。(《日记》，1941年5月)

狂风暴雨。晚上八点左右，我们窗前的大松树被闪电击中了。火球从底部蹿到树顶，然后在底部爆炸，火光冲天。(《日记》，1943年7月)

吉卜赛人在布朗格的公共广场上表演。我没

---

1 格罗斯雷（Groslée）：法国前市镇名。该市镇位于奥弗涅-罗纳-阿尔卑斯大区安省，2016年与圣伯努瓦市镇合并为格罗斯雷-圣伯努瓦市镇。

列奥波尔德·桑戈尔（塞内加尔总统）、让-路易·巴罗、亨利·克洛岱尔、皮埃尔·克洛岱尔、雅克·南特在 1972 年首届布朗格文化节上

有观看。一头很瘦的猪被绳子拴在角落里。它让我想起了很多艺术家！(《日记》,1942年10月)

一天早晨,当我观赏屋旁的玫瑰丛时,里面突然跳出来一只野兔。我现在必须全副武装地出门吗?(《日记》,1944年8月)

城堡的发展

在皮埃尔·克洛岱尔、勒妮·南特·克洛岱尔和雅克丽娜·韦恩斯坦的倡议下，自1972年开始举办布朗格文化节。在2001年之前，文化节由布朗格城堡之友协会组织，先后由导演让-路易·巴罗、大学教授让-埃尔韦·多纳和格勒诺布尔律师公会前会长让-巴莱斯塔斯担任主席。自2005年起，文化节由布朗格文化节文化中心协会负责组织，由维勒班[1]国家大众剧院院长、导演克里斯蒂安·斯基亚雷蒂担任主席。

---

1 维勒班（Villeurbanne）：法国市镇，位于法国东南部，与里昂市接壤，是里昂的内郊区之一。

宣言

20世纪，保罗·克洛岱尔将诗歌搬上了舞台，他是在这条路上走得最远的诗人。他的戏剧作品严格遵循戏剧原则，内涵丰富，情节复杂，同时又充盈着无尽的诗意，需要表演者由始至终加以呈现。对于克洛岱尔的作品，既需要戏剧表演，也需要诗歌表达。克洛岱尔的诗歌自成一派。其语言既避免了过度的现实主义，也升华了戏剧所表现的对象：这是注重表达的流派，重视语言的戏剧。

此外，他在理论上对表现形式问题做出了贡献。年轻时，他的研究基于直觉；成为导演后，他进行了实证研究；在国外任职期间，他接触到了不同于欧洲的戏剧形式，于是对此产生了迷恋

勒妮·南特和迪迪埃·桑德尔（在安托万·维特兹于1987年执导的《缎子鞋》中饰演唐·罗德里格，1987年），2007年布朗格文化节

以及研究动力。在这方面,他仍是法国戏剧领域中无与伦比的典范,可以被视为法国鲜有的巴洛克戏剧家[1]之一。

如果不从保罗·克洛岱尔的作品本身出发,就无法确定建立布朗格文化节文化中心的必要性,也就无法实施相应的计划。这就涉及舞台契合诗意的程度(适合表达以及表达方式的剧场)和作品的普适度(此处和别处的剧场)。

布朗格文化中心将成为研究戏剧诗歌问题的场所:诠释作品(提供文献服务、接待住宿、开展研究、举办研讨会,主要功能之一是翻译服务);传授演员乃至导演的专门知识——他们在实

---

[1] 巴洛克戏剧家:巴洛克戏剧从意大利戏剧中汲取灵感,情节丰富,不注重真实性,描绘了世界的不稳定性,代表戏剧家有英国的莎士比亚,西班牙的卡尔德隆和法国的高乃依等。

根据 1802 年版画——布朗格城堡南侧视角
由奥黛丽·帕尔绘制的屏风

践中掌握了表达某些语言的秘诀（积极促进与年轻一代的关系、利用现代技术保护容易流失的知识、研究如何传授应用于舞台的诗歌知识）；帮助优秀作品开拓新的表现形式（舞台演出、抒情作品创作委托）。

克里斯蒂安·斯基亚雷蒂

1880 年左右的布朗格农场
由伊丽莎白·德·维里厄绘制

漫步于布朗格,可以欣赏到变幻无穷的大自然——景象、欲望、符号。同一个事物会在大自然中呈现出不同的样貌。例如一堵旧墙。(《日记》,1927年8月)

保罗·克洛岱尔，诗歌"圣热纳维耶芙"
由奥黛丽·帕尔绘制插图，1923年日语版

参考文献

保罗·克洛岱尔：引用书目

《散文集》(*OEuvres en prose*)，伽利玛出版社"七星文库"丛书，1965

——《多菲内颂歌》(*Éloge du Dauphiné*)：p. 1333—1336

——《莫雷斯特尔》(*Morestel*)：p. 1336—1338

——《布朗格》(*Brangues*)：p. 1339—1341

——《里昂颂歌》(*Éloge de Lyon*)：p. 1341—1344

——《柏辽兹琴弓下的多菲内》(*Le Dauphiné sous l'archet d'Hector Berlioz*)：p. 374—377

——《关于塞维涅夫人——德·西米亚内夫人的肖像中的红衣女郎》(*La dame en rouge. À propos de madame de Sévigné. Sur un portrait de madame de Simiane*)：p. 442—448.

《诗歌集》(*OEuvre poétique*)，伽利玛出版社"七星文库"丛书，1985
——《潘与西林克斯》(*Pan et Syrinx*)：p. 780—782

《日记》第一卷（1904—1932）和《日记》第二卷（1933—1955），伽利玛出版社"七星文库"丛书，1968

《诗人和圣经》(*Le Poète et la Bible*) 第一卷

（1910—1946），伽利玛出版社，1998

——《在〈启示录〉花窗中》(*Au milieu des vitraux de l'Apocalypse*)，p. 101—388。尤其是第一卷第一章："一位父亲正在和女儿聊天。桌子上有一本打开的大书"

——《剑与镜》(*L'Épée et le Miroir*)，p.695—824，尤其是 p.695—696 以及跋文（p.792—798）

《布朗格之行——1944年2月与雅克·马杜勒和皮埃尔·舍费尔的对话》(*Une visite à Brangues, Conversation avec Jacques Madaule et Pierre Schaeffer en février 1944*)，伽利玛出版社，2005

关于保罗·克洛岱尔在布朗格的生活

杰拉尔德·安托万：《保罗·克洛岱尔或天才

的地狱》(*Paul Claudel ou l'Enfer du génie*)，罗贝尔·拉丰出版社（1988），再版并附后记，2004

玛丽-维克托瓦尔·南特：《国王的影子》(*L'Ombre du Roi*)，斯托克出版社，1994

"保罗·克洛岱尔聆听多菲内"，《保罗·克洛岱尔研究会会刊》，第135期，1994年第三季度。

《保罗·克洛岱尔——作家辈出的世纪》，纪录片；导演：雅克·特雷弗埃，编剧：玛丽-维克托瓦尔·南特，1998，印度公司

关于布朗格的历史
玛格德莱娜·布兰歇·勒布里："布朗格城堡

的历史",布朗格克洛岱尔国际文化节,1978年7月4日至7日,p.32—35

亨利·拉甘:"布朗格——下多菲内村庄的历史",布朗格克洛岱尔国际文化节,1978年7月4日至7日,p.36—46

约赛特·帕维奥:打字笔记(伊泽尔省档案馆)。

关于城堡的档案
鲁凯将军:打字笔记,1882,(伊泽尔省档案馆),引用p.41、43和45

多菲内博物馆(格勒诺布尔)
地址:格勒诺布尔莫里斯·吉纽路30号,邮

编：38000

网址：http://www.musee-dauphinois.fr

克洛岱尔-司汤达展览馆（布朗格）

布朗格文学村协会

地址：布朗格保罗·克洛岱尔广场，邮编：38510

网址：http://www.claudel-stendhal.com

拉维耶故居（莫雷斯特尔）

地址：莫雷斯特尔弗朗索瓦·奥古斯特·拉维耶路302号，邮编：38510

网址：http://www.maisonravier.com

插图和图片来源

©J·曼乔/《巴黎竞赛画报》/独家图片：封面

© 保罗·克洛岱尔档案：p.64、70、72、76、80、88、124、128、154、156

© 勒妮·南特档案：p. 74、136

© 奥黛丽·帕尔档案：p. 116、128、142、146、148

©M·阿斯特：p. 98

© 格勒诺布尔图书馆：p. 38 上图

© 法国国家图书馆，p.86

© 德·布沙日小姐：p. 22

© 维里厄城堡，私人收藏：p. 24

© 纪尧姆·杜穆兰：p. 14

© 纪尧姆·杜穆兰；保罗·克洛岱尔共同所有权：p. 30、162

© 杰罗姆·杜穆兰：p. 60

© 妮科尔·杜穆兰：p. 26 下图、34、108、114

© 克里斯蒂安·加内（布朗格文化节文化中心协会）：p. 44、160

© 汉娜·哈德特：p. 14、50 上图、p.50 下图、52、p.54 上图、94、96、102、104、112

© 迪迪埃·荣格斯：p. 62

© 亚尼斯·科克斯：p. 32

© 多丽丝·曼宁：p. 46 下图

© 艾克托尔·柏辽兹博物馆：p. 140

© 洛朗丝·德·马尔利亚夫：p. 6、p. 26 上图、p. 38 上图、134、164

© 多纳蒂安·南特：p. 4、56

© 马克·佩里：p. 122

© 薇薇安娜·潘松：p. 46 上图，p.54 下图

© 科琳·鲁利埃；保罗·克洛岱尔共同所有权：p. 166

© 安娜·舍费尔；塔尔德努瓦地区卡米耶与保罗协会主席：p.82

图书在版编目(CIP)数据

城堡里的诗人：克洛岱尔与他的世纪 /（法）玛莉-薇柯·南特著；朱震芸译. -- 上海：上海书店出版社，2024.9 -- ISBN 978-7-5458-2399-8

Ⅰ. K835.655.6

中国国家版本馆 CIP 数据核字第 2024DD0997 号

责任编辑 张　冉
封面设计 鄹书径

城堡里的诗人：克洛岱尔与他的世纪

[法]玛莉-薇柯·南特　著

朱震芸　译

出　　版	上海书店出版社
	（201101　上海市闵行区号景路159弄C座）
发　　行	上海人民出版社发行中心
印　　刷	上海丽佳制版印刷有限公司
开　　本	889×1194　1/32
印　　张	6
版　　次	2024年9月第1版
印　　次	2024年9月第1次印刷
ISBN 978 - 7 - 5458 - 2399 - 8/K·506	
定　　价	58.00元